正東津

- 경기도 포천 출생
- 『한맥문학』(2005년) 시조 부문,
  월간 『스토리문학』(2005년) 동시 부문,
  『한국문인』 시 부문(2009년) 등단,
  『아동문학세상』(2017년) 동시 부문 등단
- 2017 KBS 창작동요제 최우수 작사상(섬돌 밑에) 수상
- 시집 『어느 봄날』, 동시집 『나무 일기』, 『엄마꽃』 발간
- 강릉문성 고등학교 퇴직
- 강릉솔바람 동요문학회 회장
- 전자우편 : mleejw@hanmail.net

표지제자: 장윤동 _ 국전초대작가
표지그림: 이종완 _ '동명친구들' 회원
　　　　　Acrylic Knife on canvas, 30 × 30cm

정동진

이종완 시조집

성원인쇄문화사

프롤로그

꽃향기가 오십니다
허물없는 침묵을 뚫고
국경없는 사랑의 바람을 타고
저 시원을 알지 못하는 아득한 너머에서
부드러운 햇살처럼 찰랑이며 옵니다

한때는 마음의 방에 갇혀지내고
또 한 시절은 마음의 갈피를 잡지 못하고
또 한계절 쯤 머물던 마음의 방을
부끄러움의 망치로 부서버렸지요

강 하나를 두고도 건너는 자와
망설이기만 하는 자와
그저 멀찍이서 바라보기만 하는 자가 있습니다
나는 강물 앞에서 어찌해야 할까요

현실을 벗어던지는 비범도
현실속으로 뛰어드는 실천도 하지못하는
어리석음을 되풀이하지만
말 줄이고
행동을 앞세우지 않고
헛됨에 현혹되지 않는 마음 하나
새롭게 밝혀들면서 길을 간다

제1부

13 _ 강릉에 살으리랏다
14 _ 안반대기
15 _ 낙가사(洛伽寺)
16 _ 눈이 내리면
17 _ 어머니
18 _ 설무화(雪無花)
19 _ 굴산사지(掘山寺址)
20 _ 하평뜰
21 _ 감나무
22 _ 가마를 열며
23 _ 차를 끓이며
24 _ 정동진(正東津)
25 _ 한송정(寒松亭)
26 _ 풍경 소리
27 _ 꽃차 마시는 밤

28 _ 송암리(松巖里)
29 _ 숲의 노래
30 _ 경포 달빛
31 _ 새벽별
32 _ 오대산 소금강
33 _ 들꽃으로 피는 언덕
34 _ 나비야 나비야
35 _ 사물놀이
36 _ 파도
37 _ 고향 꿈
38 _ 인연(因緣)
39 _ 감자꽃
40 _ 유년의 창
41 _ 아버지

제2부

45 _ 강원의 사랑
46 _ 월정리(月井里)
48 _ 정선 아리랑
49 _ 민둥산
50 _ 청령포(淸泠浦)
52 _ 단종애사
53 _ 홍정계곡
54 _ 문희마을에 가면
56 _ 구룡폭포
57 _ 아우라지
58 _ 설악산
59 _ 무릉계곡(武陵溪谷)
60 _ 산사소묘(山寺素描)
61 _ 애증
62 _ 오솔길

63 _ 해제
64 _ 동강의 사랑
65 _ 박 수근의 빨래터
66 _ 영동선
67 _ 조선 사발
68 _ 미인폭포(美人瀑布)
69 _ 한계령
70 _ 운두령
71 _ 법흥사
72 _ 구법(求法)
73 _ 승무(僧舞)
74 _ 홀아비바람꽃
75 _ 무지개
76 _ 월광(月光)

제3부

79 _ 산길 따라 들길 따라
80 _ 구절초(九節草)
81 _ 석양(夕陽)
82 _ 동백꽃
83 _ 낙화(洛花)
84 _ 수련이 피면
85 _ 춤추는 메밀밭
86 _ 산의 노래
87 _ 들국화
88 _ 춘란(春蘭)
89 _ 야화(夜花)
90 _ 환상통증(幻想痛症)
92 _ 가을 사랑
93 _ 갈대꽃
94 _ 노을
95 _ 패랭이꽃(石竹花)
96 _ 단풍나무
97 _ 풀씨
98 _ 은방울꽃
99 _ 소나무
100 _ 봉정암(峰頂庵)
101 _ 법화경(法華經)
102 _ 나무들
103 _ 바람
104 _ 겨울 방랑
105 _ 향수

제4부

109 _ 그리움 하나를 붙잡고
110 _ 그리움
111 _ 산사의 밤
112 _ 판 줄
113 _ 소나기
114 _ 편지
115 _ 일지매(一枝梅)
116 _ 꿈꾸는 제비꽃
117 _ 진달래꽃
118 _ 버드나무
119 _ 능소화
120 _ 자귀 꽃
122 _ 쑥부쟁이의 노래
123 _ 작설차(雀舌茶)
124 _ 질경이
125 _ 탱자나무
126 _ 위도(蝟島)
128 _ 수담(手談)
129 _ 청산도
130 _ 해어화(解語花)
132 _ 고려대장경(高麗大藏經)
134 _ 시간의 향기
135 _ 서산 마애 삼존불상
　　　(瑞山 磨崖 三尊佛像)
136 _ 사막으로 가는 꿈
137 _ 고택(故宅)
138 _ 계룡산
139 _ 뻐꾸기
140 _ 골판지 그림

강릉에 살으리랏다

강릉에 살면서
강릉을 사랑하며
강릉 사람이 되었다.

춤추는 저 꽃 한 송이
불어오는 바람 한줄기
모두가 내 삶의 자양분이 되었다

그렇게 사랑하고
그렇게 한세월 행복하며
그렇게 아름다운 이야기를 담는다

만나고 헤어지고
왔다가 사라지는 것이
이 세상의 일이란 것을 안다

내가 사랑한 강릉
내가 만났던 강릉 사람들
그렇게 새로운 강릉의 희망을 되새김질 해본다

안반대기

왕산의 안반대기 거치른 비탈 위에
돌들이 오줌싸는 고랭지 채소밭엔
청룡이 용틀임하듯 꿈을 꾸는 순수함

밭 가에 홀로 이선 기품의 소나무엔
할머님 여윈 손길 묻어온 사랑의 꿈
천년을 이어 내려와 전하도다 오늘에

낙가사(洛伽寺)

세상에 물이 들어 아수라(阿修羅) 현신(現身)할 제
어두운 암흑세계 등불을 밝히오니
가슴속 관세음보살 자비를 베푸시네

수중의 사리탑은 전설을 피워내고
감로수(甘露水) 솟아 올려 세상을 씻으시니
바다의 정령(精靈)을 모아 꽃과 열매 맺으리라

한 송이 연꽃 들어 불법을 설하실 제
미륵의 선재 동자 법당에 미소짓고
마당을 맴돌던 바람 동자승을 스친다

* 등명낙가사(燈明洛伽寺): 강원도 강릉시 강동면 괘방산(掛榜山)에 있는 사찰

눈이 내리면

저 들녘 송이송이 함박눈 내린다면
대관령 저 산기슭 미지의 안개 무리
부끄럼 속살 깊은 곳 그곳으로 가리라

지나간 시간들과 만나온 모든 사람
아프게 헤어졌던 아름다운 것들과
다시는 만나지 않아 자유로워 지리라

세상의 전부였던 사람은 오지 않고
새로운 가슴으로 다가선 흔적이여
게으른 아침 햇살에 피어나는 망초꽃

다시금 마주하는 새 아침 설레임
가진 것 하나 없어 순수한 자유 속에
흘러간 사랑의 흔적 눈송이로 피어나리

어머니

세상 향해 깊은 뿌리 내리지 못하도록
전족(纏足)의 고통들이 뼛속까지 배었으니
흔드는 세상 속에도 쓰러지지 않는 몸통

그림자 품에 안고 허리 굽혀 살아가며
가려진 시간 속에 끝끝내 살아남는
어둠은 긁어내어도 피 흘리지 않을진대

간절한 눈빛으로 작은 별 반짝이면
어머님 눈동자에 담겨진 사랑 내음
정(情) 사룬 깊은 향기는 꽃바람에 날리는데

설무화(雪無花)

이별이 부른 바람 풀꽃이 뒤척이면
돌아갈 시간에야 상처는 아무는가!
백설(白雪)은 유혹을 덮고 임 찾는 내 사랑아!

혼미한 달빛 아래 천무(天舞)는 저리 곱고
청솔의 가지마다 싸여가는 애잔한 정
연풍(軟風)이 불어올 때면 환상 속에 피는 꽃

만 가지 형상들을 모두 다 덮어버려
흐르는 모든 것들 일순간 멈추어 선
향 없는 꽃으로 날아 그대 곁에 피어나네

굴산사지(掘山寺址)

첫 새벽 향 사루며 외로움 떨쳐내면
시름과 번뇌 덮은 흰 이불 한 장 속에
남루한 웃음 간직한 제 얼굴을 찾겠네

안개를 걷어내는 금당의 사자후가
사라진 아름다움 다시금 되살리면
떠나지 못하는 발길 들려오는 독경 소리

서릿발 맞은 부처 햇살로 깨어나면
눈부신 텅 빈 적요 천년의 매혹으로
무너진 화엄의 바다 솔향으로 출렁인다

하평뜰

하평리 넓은 뜰을 해 저녁 바라보다
들국화 꽃향기에 가만히 물이 들면
두둥실 꽃구름 따라 건너가는 기러기

감나무

고욤에 접붙이듯 세상에 눈을 뜰 때,
생가지 잘라낸 듯 코 맵고 떫던 세월
몸뚱이 붉어 지고야 지난 흔적 알 수 있네

둥근 달 떠오르면 순백의 떨리는 가슴
바람 타고 오는 향기 그리운 그대 눈길
쓸쓸히 떠나간 그 밤 추억하는 고운 별빛

그대의 눈길 닿은 곳 나도 한번 보고 싶다
그대의 발길 닿은 곳 나도 한번 걷고 싶다
그대의 손길 닿은 곳 나도 한번 어루만지고 싶다

구름은 저만치 가고 탱글탱글 애타는데
가을볕 부끄러워 익어가는 붉은 속살
우지 마라 네 빈가지에 까치밥 걸어놓을게

빈자리 허전함이 사무치는 들녘에서
당당히 고향 지킨 그대를 끌어안고
감나무 밑에 만 가면 어디서든 고향 꿈꾸네

가마를 열며

물레로 얇게 빚어 형태를 갖춰두고
쭉 뻗은 자태 기백 초벌을 버텨내면
살 곱게 덤벙 담구어 빙열 터진 수수함

간절한 기다림을 꽃불로 밝히던 날
불 맛을 곱게 먹어 어리숙한 둥근 선이
은은한 향기로 흘러 세상 향해 여는 문

죽어서 살아나는 그 표정 너그럽고
바람의 시간 따라 부드럽게 피워낸 멋
황홀한 꽃 피어나듯 눈을 뜨는 그리움

우연과 필연의 힘 기막힌 그 조화가
설레는 마음으로 열기를 따라 나와
녹두와 선연한 주황 흩뿌려진 철(鐵) 꽃들

차를 끓이며

햇보리 푸르누릇 봄 맞아 자라나고
돌샘에 솟아나는 샘물 길어 앞뜰 보며
달빛을 곱게 우려내 다정함을 마시네

거문고 격한 울음 찻잔을 흔들더니
하 맑은 찻물 빛에 얼굴색 다시 붉어
손에 든 따스한 사랑 다시 새겨 맞으리

빗줄기 빗질하는 새벽 뜰 석류꽃이
임의 품 안겨있는 내 모습 언뜻 보다
수그려 피하는 눈길 부끄러운 우전차(雨前茶)

정동진(正東津)

언덕에 피어오른 유한의 모래시계
그리운 흔적들은 바람에 날리면서
흘러온 잔정을 몰아 가는구려 바다로

광화문 정 동쪽의 바위틈새 작은 항구
파도에 부딪히는 헌화가 노래 흘러
유람선 파도를 가르면 갈매기 떼 날아드는

아침의 비늘 갑옷 찬란히 일렁이면
시련의 저 파도가 주고 간 실타래를
하나 둘 등대에 풀고 올라서는 심곡(深谷) 포구

한송정(寒松亭)

연꽃을 보는 붓끝 먹물에 서린 향기
차 연기 모락모락 시심(詩心)을 달구는데
하늘빛 맑은 돌 못 속 빙긋 웃는 사선(四仙)이여

옛 풍류 그리면서 떠난 봄 수놓으면
닻 내린 뱃머리의 님의 눈(眼)에 떠오른 달
꽃차를 달여 마시며 피리소리 듣는다

달 아래 찻 종지야 한 송이 야생화냐
오묘한 그 향기가 솔숲을 뒤덮으니
혀끝을 관통하는 밤 피어나는 꽃 등불

* 한송정 : 강릉시 강동면 하시동에 소재하였던 차 문화의 유적지로서 신라 화랑들의 수련장이었으며 四仙(영랑, 술랑, 남석행, 안상) 등 네 국선의 전성기인 진흥왕(眞興王.540~575) 전후 축조되었을 것으로 추정함

풍경 소리

하루가 지나가고 또 하루 멀어지고
풀잎은 흔들리고 몸무게 가벼워지면
상처 난 깊이 만큼의 노랫소리 들리겠네

바람이 머문 자리 흔적도 없더니만
그대가 머문 자린 그리움 내려앉아
처마를 흔드는 바다 물고기가 꿈꾸는 자유

꽃차 마시는 밤

가을이 따라내고 꽃잎이 마시는 차
그리운 그 하루가 연록으로 우러나와
문장은, 눈물을 찍어 꿈이었다 적는다

솔바람 새소리에 산에 걸린 하얀 구름
새벽달 빛 곱게 내린 그대 창밖의 대나무가
흔들어 깨우는 시간, 잊지 마오 내 사랑

송암리(松巖里)

소쩍새 울음소리 웅크리고 앉아있는
처마 끝 풍경 속에 샘솟는 연두색 향기
담장을 감도는 바람 곳곳마다 피는 봄꽃

낮과 밤 잇닿은 땅 천제봉 능선 타고
미리재 물결 따라 투명한 경포호로
길 나선 푸른 인정들 솔향으로 퍼지네

서낭 집 아버님이 향하는 배 밭에서
또 하루 등에 지고 가꾸고 지켜온 땅
술잔에 띄워놓은 달 풀어내는 이야기꽃

문지방 넘는 웃음 처음 연 마음의 문
진하게 번져가는 소박한 표정 속에
묵혀둔 사랑의 술독 아름답게 익어간다

* 송암리(松巖里): 강릉시 성산면 송암리

숲의 노래

뿌리를 내릴 적에 깊은 뜻 없었으랴
비틀고 흔들어도 천년 꿈 품었으니
하늘로 향하는 문도 네 품속에 잠겼어라

많은 걸 이겨 낸 건 혼자의 힘이 아냐
투명한 꿈을 꾸던 모두의 숨결인 걸
떠나간 눈물 속에서 피어나는 봄의 햇살

혼자서 깨우쳐간 한 시절 눈물들이
썩어서 견고해진 나뭇잎 그릴 적에
지나친 아픈 흔적들 내 곁으로 모여든다

제 깊은 서러움은 아픔의 깊이만큼
깊고도 푸른 향기 주위에 퍼트리고
스스로 더욱 깊어간 희망들을 길러낸다

경포 달빛

어둠이 깊어갈 때, 달빛은 부서지고
갈대가 서걱대며 바람에 흔들흔들
남몰래 훔쳐보면서 반짝이는 물거울

봄 연두 은근슬쩍 눈빛이 짙어가고
철쭉꽃 붉은 치마 불러들인 호랑나비
종소리 떨림을 따라 수면 위로 나르네

새벽별

뒷 여울 돌아드는 물소리 속삭임에
능청으로 건너가는 아랫말 새벽별이
연분홍 꽃불 밝던 날 눈물 그렁 뜨더라

너인가 하고 보다 별님만 덩그러니
빈 하늘 멍든 가슴 너 떠난 그 길가에
진달래 고운 꽃 걸음 흔적으로 피더라

오대산 소금강

청학(靑鶴)이 날개 펴고 수억 년 이룬 절경
마의태자 흘린 피로 장관 이룬 구룡폭포
물속에 갇힌 만물상(萬物相) 무지개로 일어서네

하늘을 높이 날아 굽어본 넓은 세상
땅 위를 기어 다녀 맑게 본 깊은 시선
혼자서 걸어가는 산! 일어서는 생명이여!

유난히 고운 빛은 산으로 올라오고
꽃향기 돌고 돌아 산에서 내려갈 때,
계곡을 흘러내린 물 옛 전설을 전해주네

하늘을 받치고 선 저 높은 산봉우리
가슴을 가득 채운 바람이 자라나서
한 조각 구름을 타고 신선들의 꿈을 꾼다

들꽃으로 피는 언덕

부푸는 가슴만큼 수줍은 달맞이꽃
혼자선 부끄러워 달빛에 몸 가리면
움켜쥔 어둠 속에도 맨살을 적시던 정

그때의 그 미소가 마지막 인사일까
남겨진 꽃잎에게 다시금 물어보니
옛 사연 그리워질 때, 눈물 떨군 이별일세!

몸 안의 모든 소름 꽃으로 토해내면
눈물이 키워 올린 들꽃의 함성들이
푸르른 목청 돋우며 눈부시게 손짓하네

햇살과 바람까지 모두가 희망일 때,
만남의 메아리는 낭랑히 퍼져가고
투명한 그들의 노래 아름답게 피어난다

나비야 나비야

길들인 그리움이 꽃들을 피워내면
다시금 나비들도 꿈을 꾸며 날아올까
꿈 찾아 별을 잃었던 지난날의 흔적이여

메마른 시간들이 갈증을 갉아대면
어두운 내일들은 장대비로 나리려나
반역의 먹구름들이 동행의 길 떠나가네

머무는 저 자리에 미소 또한 흘려놓고
가슴에 머문 사랑 자리도 잡기 전에
또 다른 미련을 찾아 바람 속에 잠긴다

사물놀이

천지간 암흑 속에 한 줄기 빛이 들어
막힌 곳 뚫어내고 맺힌 것 풀어내면
세상의 깊은 시름들 여운 속에 사라지네

발을 딛는 이 땅 위에 생명이 꿈틀대고
머리 위에 하늘 있어 움직임을 살피나니
그 모든 조화를 이뤄 풍요를 노래하리

보랏빛 희망들이 파문으로 일렁이면
때로는 천둥으로 때로는 비바람으로
나리고 얼싸안고 흘러 조화를 이루도다

모두가 알몸으로 혼령을 불러모아
강들이 풀려가듯 온몸으로 씻어내려
숨죽인 이 나라 산천 신명 나게 울려보자

파도

나른한 오후 꿈들 저마다 파닥이면
호출음 마디마디 재주넘던 안개꽃들
하나씩 눈송이 되어 하늘 꿈을 그려 낸다

품은 것 하나 없어 투명한 빛을 내고
손들어 애태우던 낙하의 아득함도
그들의 낯선 이별에 차마 눈을 감는구려

거울에 반사되는 매서운 바람 속에
어디서 누군가가 내미는 뜨거운 손
환상을 건져 올려서 꿈이 되는 눈물아

고개를 다시 들고 해변에 홀로서면
그리운 사연들은 허공에 부서지고
갈매기 비상 속에서 달의 향기 그득하다

고향 꿈

선조 적 땀이 배인 논과 밭 붙들고서
정 일궈 살아오던 사랑의 꿈 이랑들
부황의 허기 찬 노을 묻혀간다 시름에

투박한 마디마디 흔적의 상처들이,
잡혀진 주름 속에 가식 없는 미소 흘러
황토흙 저리 붉은 꽃 무더기로 피어나네

모깃불 사루고서 추어탕 나눠먹고
풀벌레 울음소리 가슴을 비워갈 때,
달빛은 정자에 걸려 하루가 익어간다

인연(因緣)

어릴 적 우리 할매 깊은 산 절(寺)을 그려
걸음이 불편하여 거동도 못 하실 때
수천 번 관세음보살 거뜬히도 오르셨네

연등을 곱게 달아 마음을 밝히나니
빛보다 밝은 진리 낭랑히 퍼져가고
삼독(三毒)에 찌든 중생들 예토(穢土)로 가는구나

법화경(法華經) 설법 중에 향기가 문득 번져
대웅전 석가여래 눈가에 웃음 맺고
독각승(獨覺僧) 입에 번져와 연향이 베어가네

감자꽃

비탈진 오두막집 산길이 말을 묻고
푸르른 네 사랑이 알알이 익어갈 때
배시시 웃고만 있는 오월의 백치 처녀

제 설움 퍼 올려서 대지를 적시우던
풋사랑 아픔일랑 햇살에 말려두렴
꽃 피고 맺지 못하는 열정이 어디 너뿐이더냐

조각 잎 사이사이 별 초롱 빛난 자태
눈망울 더욱 고와 분 화장 지우고서
옹이진 아픔 묻으며 잉태를 염원하네

유년의 창

퇴색한 툇마루에 동생과 걸터앉아
울 너머 동구 밖을 무심히 바라보면
벙그는 초가지붕 위 박꽃이 웃고 있네

낮게 핀 세바람꽃 정적을 터트리면
해거름 저 들녘이 소박하게 익어갈 때,
지워도 다시 흐르는 추억의 실개울아

아버지

금잔디 연기 불며 물고 보러 가시옵고
밤새워 끓던 가래 저리던 그 관절이
오늘 사 내게 전하여 시린 아침 맞는구나

누렁이 울음소리 들판에 퍼져갈 때,
막걸리 한 사발에 힘 불쑥 솟아나고
매미의 울음소리도 흥을 더욱 돋웠지

온종일 논을 삶고 거친 들을 일구시고
해 저녁 노을 타고 고갯길을 넘으시던
아버지 농부가(農夫歌) 소리 아련하다 귓가에

제2부

강원의 사랑

강원인으로 살아가는 일
정에 물이 들어가는 일이다
어찌어찌 흘러들어 그대에게 물들어 간다

사람이 좋아 머물고
풍광에 홀려 머물고
그렇게 강원인이 되는 나날이 사랑이다

흐르고 흘러가면
어미의 품속같은 바다에 다다른다
그 혜량할 수 없는 너름의 품속에서 거닌다

어쩔거나 이 한 세월을
어찌할 거나 이 깊은 마음을
한 줄기 샘물로 흘러가는 오늘이다

월정리(月井里)

(1)
소박한 월정리역 열차의 숨결 멎고
침목(枕木)의 깊은 꿈을 햇살이 쪼아대면
포연이 멎은 그 자리 웃고 있는 진달래꽃

회한의 사연들이 가슴에 가득하고
따스한 어머님의 그 손길 그리울 때,
DMZ 초병의 눈빛 바람 속에 번득인다

철없는 아이들의 뛰어노는 모습 속에
포장된 평화의 땅 그 길을 이어 놓아
통일을 향한 염원을 다시 한번 피워보세

(2)
철마는 말 없어도 세상은 흘러가고
네 넋이 다시 피어 염원을 이루는가
동해선 경의선 동맥 다시 이어 맥박이 뛰누나

이제는 일어나서 저 철의 실크로드
북으로 러시아로 거침없이 달려보자
영혼을 뒤흔들어서 일어서자 한겨레로

이 강산 이 겨레의 뜨거운 그 함성을
가슴에 담지 말고 여명의 저 아침에
한 송이 평화의 꽃을 저 하늘에 피워보자

* 월정리(月井里): 강원도 철원군 감곡면 월정리

정선 아리랑

파아란 그리움이 꽃잎을 날리던 날
흙 속에 둥지 틀던 꽃씨가 발아하고
새날을 꿈꾸던 기상 들녘에 번져간다

길 따라 굽이쳐서 흘러온 저 물결의
설레는 가슴 속에 파문이 번져오면
춤추며 신명을 풀던 그 땅에 닿으리라

아라리 부르면서 뗏목에 흘린 세월
저만큼 주저앉혀 숲으로 일어서면
진달래 타는 가슴을 비벼 끄며 가는 구름

민둥산

술 취한 사람 닮은 곤드레 흐드러져
흉년을 넘어서던 깊은 골 한치 뒷산
그 높던 옛 한숨들도 이제는 삭아 가오

세월의 구비 따라 마음의 흔적 따라
흐르다 멈춰서는 불타는 그리움을
손들어 한 획에 그린 저 장관 바라보라

세상의 고운 빛들 모두 다 불러 모아
새파란 화선지에 마음껏 붓질하니
은빛의 장엄한 물결 가슴에 흘러간다

가을의 향기 품은 잎갈나무 숲을 지난
눈부신 너의 유혹 흔들리는 가슴이여!
손대면 툭 터져버릴 발그레한 볼웃음

청령포(淸泠浦)

톱날처럼 암벽으로 솟아오른 육육봉(六六峰)에
슬픔의 그림자가 숲속에 잠겨 가면
동강(東江)의 급한 발걸음에 붉게 우는 두견새

두 갈래 갈라진 틈 걸터앉은 단종의 모습
그때의 슬픔 보며 그 슬픔 듣고서도
말 없는 역사의 문고리 잡고 나서는 관음송(觀音松)

무너진 돌탑 사이 그리던 한양의 임
돌아갈 기약일랑 처음부터 없었으니
활시위 내려놓은 죄로 다시 그려보는 새 아침

노산대(魯山臺) 올라서면 그대 웃음 반짝이고
눈물 흘리던 별들 달빛 속에 가리 우니
세상을 범하는 것이 번득이는 창만은 아니구나

나에게로 왔던 것들 그에게 돌아가니
열린 생각 닫힌 강물 빈 물길로 출렁이니
원한은 무엇을 단죄하려 천둥 속에 무릎 꿇렸는가

금표비(禁標碑) 남은 자리 계유정난 피비린내를
장승처럼 지키고선 푸른 솔 말이 없고
가을의 목덜미를 잡은 푸른 향기 흘러간다

* 청령포: 강원도 영월군 남면 광천리 소재

단종애사

잠자고 꿈꿀 때도 뜨겁던 숨결 식고
절망에 구속되어 꿈틀댈 수 없었지만
청령포 붉은 등 내건 가을 오면 흘러가리

어미의 치마폭을 벗어난 어린 꿈이
혁명의 술잔 속에 찰랑이다 깨어져버려
물소리 밀려왔다 밀려가는 상처 입은 꽃잎이여

떠나보니 떠나겠고 돌아보니 돌아가겠더라
바쁜 걸음 아니지만 이제는 떠나야지
결박된 대역(大逆)의 빛들과 말라버린 바람아

흥정계곡

시작은 언제일까 정들어 살아온 곳
몇 대를 이어가며 한곳을 바라보니
메밀꽃 환한 웃음만 흔들리네 새하얗게

뜨거운 햇살 속에 저 홀로 타는 가슴
부르르 몸을 떨던 그대의 고운 미소
찌르르 아름다운 전율 온몸을 관통하네

강물이 찰랑찰랑 노을에 물이 들면
남겨진 추억들도 여울에 비춰오고
함께한 소중한 시간 별빛 따라 반짝이네

하나도 남김없이 욕심을 비워두자
모든 걸 잃고 나서야 소중히 생각하니
행복한 사랑의 낙원 안타까운 그림자

* 흥정계곡: 강원도 평창군 봉평면 흥정리에 소재

문희마을에 가면

백운산(白雲山) 파고드는 바람난 동강(東江)줄기
황새 여울 된 꼬까리 떼꾼들의 물길여행
아라리로 넘어 흐르던 만지나루 전산옥 주막

칠족령(漆足令) 고개 넘어 어름치 뛰는 마을
수줍은 여울 따라 마음 젖어 흐른다면
미웠던 세상일 들이 강물 따라 흘러간다

그대의 맑은 영혼 지치고 탁해지면
깊은 산과 산 사이로 가을이 태우고 간
그리운 불길 밟으며 들뜬 가슴 스며든다

자갈밭에 드러누우면 답답하던 가슴앓이
신비한 비경 속에 나룻배로 건너가고
내면의 목소리들은 메아리로 돌아온다

뜨거운 가슴 풀어 돌아갈 길만 남아
강가에서 손 흔들며 웃고 있는 은빛 갈대
지나온 시간 비추는 거울 속을 바라본다

세상의 끝에 서서 부르는 그대 이름
비췻빛 꽃으로 핀 강물의 노랫소리에
산속에서 가을 물들어 눈물 울컥 흘리겠네

* 문희마을 : 평창군 미탄면 마하리 소재
 된 꼬까라 : 거친 여울

구룡폭포

이름도 모두 잊고 사연도 묻어두고
가진 것 다 비우고 흘러가는 저 물길은
넉넉히 홀가분하고 그 얼마나 정겨우냐

그들처럼 바른 정신으로 나도 떨어지고 싶다
그들처럼 곧은 소리로 나도 부서지고 싶다
자잘한 일상을 털고 야생으로 흐르고 싶다

떨어져 온 세상의 귀 씻는 정갈한 소리
흰 포말로 부서져도 다시 솟구쳐 올라
천년에 또 천년을 이어 구룡(九龍)의 뜻 담으리라

* 구룡폭포: 강원도 강릉시 연곡면 삼산리 소금강에 소재

아우라지

공천과 골지천이 흘러내린 아우라지
뱃사공 아라리가 이 골과 저 골짝에
파랗게 힘찬 메아리로 살아서 꿈틀대면

힘겨운 어제 일들 물살에 씻어내고
또 다른 물줄기를 몸으로 맞으면서
굽이친 남한강 뱃길 흘러 간다 별과 함께

네 속에 감추어둔 어둠을 밝히는 빛
그리움 돌아서서 목쉬게 흐르던 강
서러움 흐르고 흘러 임에게 닿으련가

기다림 타오르면 바람이 떠나가고
서러움 삭아 가면 구름이 몰려오니
떠나고 머무는 일들 마음속에 담겼구려

설악산

돌 틈을 돌아들어 흐르는 물소리와
종소리 리듬 맞춰 안개꽃 피어나면
설레는 그리움으로 내게 오는 그대여!

어떤가! 한 번쯤은 질펀히 놀아보세
한 잔술 취해 본들 저만한 자태일까
눈부신 애무 속에서 검붉게 타는 가슴

바람이 두드리는 건반의 낮은 음계
치마에 불이 붙어 갈대꽃에 번진 사랑
달빛을 모두 태우고 재가 된 희열이여!

사랑의 꽃 대궁이 한 번쯤은 꺾인 자리
혈흔이 번져가는 아아 저 설악이여!
가까이 겨울 오는데 먼 곳에 그대 있네

무릉계곡(武陵溪谷)

산 깊어 물 흐르고 정들어 물든 단풍
청옥(靑玉)에 젖어 배인 절창의 무릉계곡
오가는 저 선인들도 잊었노라 수심을

삼화사 산승(山僧) 앞에 들어앉은 가을 한 폭
신선한 그 정취를 찻잔에 담아보니
백자의 따스한 온기 전해지는 그 향기

비췻빛 옥류수와 형형색색 단풍 숲에
쌍폭이 빙긋 웃고 우뚝 선 용추폭포
하늘의 해맑은 가슴 닮아가는 아이들이

* 무릉계곡: 강원도 동해시 삼화동에 위치

산사소묘(山寺素描)

아련한 여우비가 훑고 간 산언저리
청명한 봄바람에 종달새 지저귀면
사미승 빗질에 쓸려 세상이 씻겨가네

높푸른 구름 사이 하늘은 문득 높아
산정에 내려앉은 대웅전 적요하고
범종의 긴 떨리움이 가슴에 젖어 든다

청태 낀 바위틈에 시름을 엮어두고
가만히 합장하고 사위를 둘러보니
산들도 사람을 닮아 그리움을 풀어낸다

애증

간다고 간다면서 하루가 저물도록
가슴을 헤집고도 못다 한 저 심사가
아직도 벌겋게 달군 쇳덩이를 품은 가슴

화려한 유혹 앞에 벗고선 저 그림자
편지만 옆에 두고 홀연히 떠나가고
잔영만 화폭에 남아 대꾸도 하나 없네

찬 바람 몰아치고 초롱불 꺼져갈 때,
어디로 향하시나 간 곳을 알 길 없어
허망을 감추고 보는 달 속에 임이 뜨네

오솔길

뜨거운 울음들이 내 품을 더듬을 때,
이슬을 기다리던 애타는 욕망들이
가슴에 둥지를 틀고 하늘 높이 퍼져간다

만남의 희망 안고 오솔길 들어서면
부르는 소리 없이 가슴에 출렁대던
그대의 맑은 웃음이 뜨겁게 피어나네

속삭임 부끄러워 사랑에 목마르고
솔향에 취해가던 풍만한 욕정들이
황홀한 유혹을 하며 바람 속에 눕는구려

흔들며 사랑하던 몸 풀은 달빛 따라
누구를 다시 만나 또 다른 꿈을 꾸랴
돌아선 기다림들도 초록으로 물드는데

해제

숨결의 제 무늬를 기억하지 못하며
누군가 사본으로 살아온 한 송이 꽃
닫은 적 없는 저 문을 무엇으로 여는가?

주저앉은 약속처럼 좌판을 돌던 바람
스스로 갈 길 찾아 만행을 떠나는데
해 뜨고 달지는 미망 속껍질을 벗는 생각

우표도 안 붙이고 달려온 너의 기도
일어나고 사라지는 생멸의 이치 속에
푸르게 일어서는 법(法) 종소리로 퍼져간다

동강의 사랑

엎드린 낮은 사연 순박한 그 얼굴에
물길로 흘러내려 이어온 사랑의 정
같은 듯 다른 표정의 아침 샛강 바라본다

산골 부부 금슬이야 골 깊은 만큼 깊지
꽃망울 터트리며 여전히 웃고 있는
비췻빛 물속에 비췬 곱디고운 네 얼굴

길 속에 빠져버린 길 밖의 사연들로
이 땅에 내린 축복 찰랑찰랑 받아들고
느낌표 반짝이는 밤 달빛 받은 어라연

박 수근의 빨래터

가지고 떠나버린 가난의 잎 새 위로
절정을 견뎌내는 빛나는 햇살들이
수다와 욕망을 불러 수줍게 내려앉네

흐르는 푸른 물이 살얼음 걷어낼 때
곱은 손 호호 불며 남루를 헹구면서
긴 겨울 훑어 내리는 저 힘찬 방망이 소리

제 앞의 생을 울궈 때림은 황홀한 절정
넓적한 바위 위에 따스한 손길 담아
비누로 치다꺼리며 추스르는 일상들

두드려 녹아드는 백의의 환원 속에
내 이뤄 흘러내린 평범한 일상들이
회색빛 때 국물처럼 흥건히 떠나간다

몇 방울 흘러내린 오욕을 털어내는
숨 가쁜 기침 소리 시대의 핏자국은
눈보라 풀어헤치며 저문 내를 건너는데

영동선

탄광으로 흘러가는 희망의 검은 길에
두 줄로 놓은 삭도 기적이 울릴 때면
늘어선 저 코스모스 무심하게 추는 춤

모두가 떠나가는 저 길에도 들지 못해
망초꽃 피어나는 한자리 지키고서
희망가 불러주던 곳 영동선에 피는 꽃

빈자리 광구마다 바람만 널어놓고
생사를 함께하던 그리운 사랑이여
따스한 그 얼굴들로 행복했을 그해 겨울

조선 사발

맛깔난 화려함도 빛나는 반짝임도
모두 다 던져버린 투박한 손길까지
막사발 그 어설픔이 오늘까지 전한 정

선인의 손길 끝에 담아 마신 그 막걸리
한 잔의 설움마저 훌훌훌 넘겨보면
그 빛도 찰랑거리며 뒤따르던 조선 달

누구의 눈물인가 영롱한 이슬방울
손 물린 사발의 선 유방울도 정겨워라
깨어져 이은 그 정에 다시 피는 비움 꽃

미인폭포(美人瀑布)

사랑이 눈부셔서 망설인 숱한 세월
구름이 스쳐 갈 때, 떠나지 못한 미련
푸르른 비에 젖은 꿈 그려지는 그대 음성

비단 폭 떨 군 듯이 화려한 자태 속에
산화된 너의 소원 발갛게 물이 들고
안개 낀 협곡 사이로 등천하는 선녀들

바람이 빛을 버려 가슴을 태울 적에
능선을 달려가던 변명의 꽃잎들이
바스락 몸을 떨면서 수면에 내려앉네

한 걸음 물러서서 다시금 바라보면
저리도 굽이치는 세월의 벼랑 끝에
분단장 고운 초승달 대롱대롱 걸렸네

한계령

추억의 꽃잎들이 가슴에 쌓여 가면
불덩이 같은 온몸 깊은 골 내려앉고
흐느껴 무너져 내린 아픔으로 타는 계곡

오늘의 서러움이 안개에 젖어 가면
끝없는 눈물들도 발자국 남기면서
빛나는 세상을 향해 비상의 날개 편다

무심한 솔바람이 서둘러 길을 열면
춤추고 노래하다 쓰러져 타오르는
노을의 못다 한 정열 산등성을 넘어간다

밤길을 걸어오던 조용한 너의 기도
뒤돌아 볼 줄 아는 슬픈 저 인연들이
자꾸만 불러 세워서 접어둔 눈물이여

운두령

설악과 오대산을 바라보는 계방산(桂芳山)은
수림의 향기 품고 내린으로 흘러들어
순결한 야생의 품을 가득 적셔 내려오네

만나는 꽃잎마다 순정이 머문 자리
바람이 잦아들면 설움도 빛이 되고
산 오름 안개 기둥도 옷 벗고 녹아드네

산새들 지저귀면 그리움 날아올라
연초록 자랑들이 마을로 향하던 길
눈부신 비상 속에서 수액이 도는 소리

푸르게 잘 자라며 새하얀 웃음 짓고
서로를 마주 보고 정이 든 구름 구비
다시금 아름다운 빛 출렁이며 다가서네

법흥사

산길을 따라나선 아이의 눈빛 닮은
무지개 곱게 걸린 산 하나 보았더니
온 산에 불 지피우는 다정한 너의 미소

문 열고 들어가니 또다시 문밖이라
가두고 잘라내도 또렷이 일어서는
달빛에 젖은 눈물아 꽃 등 따라 흔들려라

세속의 번뇌들이 퍼 올린 욕망 속에
알 것을 알고 가는 아련한 바람처럼
반개한 연꽃 위에서 흔들리는 북소리

산에 갇혀 산을 잊고 법에 갇혀 법을 잊어
고요한 말 없음에 일어서는 바람 소리
바랑에 담긴 천둥으로 새벽을 깨우리라

춤추고 울어대던 탄성에 들뜬 낙일
잣대를 버린 채로 문 들어 문 나서면
다상 위 찻잔 속으로 하늘이 들어선다

구법(求法)

눈앞에 진리 두고 세상을 떠도나니
바람은 흩어지고 육신도 간 곳 없네
움켜쥔 인연 보따리 찻잔 속에 고요하다

벗어난 그대로의 자연을 품에 안고
저만치 돌아서는 부처의 묘한 눈빛
종소리 목탁 소리도 취한 듯이 몽롱하다

거꾸로 가자 하던 마조(馬祖)의 깊은 뜻도
사람의 행간(行間) 속을 떠도는 구름이라
천년을 꾸었던 꿈도 한걸음에 닿으리라

승무(僧舞)

역동하는 우주 만물 소생의 기를 모아
당기고 밀어내며 멈추고 풀어내는
태극의 부드러운 선 솟구쳐 오르는 멋

접은 듯 활짝 펴며 손끝으로 보는 하늘
버선코 굴려 말 듯 날렵한 여운 속에
끊었다 맺고 풀어서 몰아쉬는 한순간

서서히 일어서는 생명의 힘찬 기운
발끝에서 머리까지 시작과 끝이 물려
어깨를 들썩이며 풀어내는 신명들

스스로 몸에 새겨 맺힌 곳 없는 곡선
선과 선 이어가는 절제와 부드러움
호흡도 맛깔스럽게 돌고 도는 저정걸음

허공에 던져버린 북소리 잦아들면
어깨춤 긴 파장에 번뇌는 사라지고
꽃물 든 봄 하늘처럼 그리움이 번지네

홀아비바람꽃

꿈엔 듯 사뿐사뿐 그렇게 소리 없이
춤추듯 너울너울 내게로 오시어서
깨어난 햇살을 담아 눈이 부신 자태여

하얗게 피어나던 그대의 웃음소리
까맣게 잊혀가다 빗소리로 피어날 때
스며든 그리운 흔적 사연들이 흩날리네

무지개

하늘과 땅을 이어 약속을 지켜가며
태양을 등지고서 바라본 저 하늘에
신비(神秘)의 칠 채색(七彩色) 파장 소리 없이 젖어 드네

분광(分光)된 그리움이 방울로 피어나면
입사(入射)한 사랑들이 웃음으로 반사(反射)하고
하늘의 천변만화(千變萬化)가 가슴에서 이는구려

꺾여진 인생경로 다시금 돌아보면
행운이 따로 없고 굴곡진 그 모습이
저마다 예쁜 빛깔로 선명하게 밝아 온다

꽃다발 송이들이 저마다 웃음 지며
애틋한 정을 적셔 허망을 일깨우면
아련히 피었다 지는 바람 속의 아침이여

월광(月光)

안돼요 안돼하며 가슴을 다독이고
뜨겁게 타오르는 열정을 밀어내며
출렁인 그대의 손길 받아 낸다 온몸으로

한 송이 이슬방울 뜨거운 가슴 위에
방긋이 솟아오른 그 정(情)을 전하오니
두 팔을 한껏 벌리어 다정하게 맞아주오

하늘도 어찌 못할 여인의 가슴속에
수북이 쌓인 걸음 그 누가 지우려나
마음엔 피었다 지는 달무리가 스쳐 가고

은밀한 창문 사이 침묵과 한숨 흘러
운명의 불빛 아래 불운의 꿈도 깊던
시앗의 잔인한 세월 갇혔구려 우물 속에

제3부

산길 따라 들길 따라

산길 따라 걸어보면 안다
들길 따라 걸어가면 보인다
어찌 사람들이 이세상을 살아가는지

다 별것 없이
고만고만 살더라
어느 누구 대단할 것도 없이

하루 삼시세끼 밥 먹고
저마다의 일감찾아 밖으로 나갔다가
해지면 집 찾아드는 새들과 같더라

그런데도 아웅다웅이다
그런데도 아귀다툼이다
아수라장처럼 변해버린 세상에서 꽃 한 송이를 만나고 싶다

구절초(九節草)

요염한 가을 길에 저 홀로 숨어들어
달빛을 주워 먹고 피어난 하얀 순정
해맑게 간직한 웃음 방그레 피어나네

환하게 걸어오는 그 모습 아른거려
오시는 길목 가득 아홉 마디 담긴 정을
추억의 하얀 향기로 님 찾아 가오리다

약속의 시간들이 잎 새에 걸려오면
숨죽인 밀어들이 나직이 춤을 추고
새벽을 적시던 첫정 물들이는 저 꽃잎

석양(夕陽)

길 위에 갈림길들 어딘가 떠밀리어
눈시울 붉어지면 미련을 안고 살고
강기슭 거슬러 올라 웃음 짓던 쪽배여

숲속의 나무들도 잘 자란 녀석부터
하나둘 베어지고 못 나고 상처 난 놈
저 홀로 하늘 우러러 지난 세월 말하도다

진득이 베어 나는 촌로의 웃음 속에
세월의 아득함과 시대의 고난들이
주름의 마디마디에 아련하게 묻어나네

흩어진 모든 것들 하나로 모아 오는
다 꺼진 가슴에도 불씨는 살아있어
원망도 그리움인 걸 이제서야 알겠노라

동백꽃

얼마나 오랜 정열 가슴에 묻었던가
꿈꾸면 피어나던 어릴 적 그 순정이
다시금 피어올라서 꺼질 줄을 모르네

깊어간 꿈에 젖어 사랑을 그려 내고
오랜 그 정겨움들 가슴에 속삭일 때
하늘에 방울 지우는 아름다운 사람아

창가에 어린 사랑 허공에 퍼져가고
꽃피어 환한 물결 향기로 전해지면
그 임의 품에 안기어 천리라도 가고파라

낙화(洛花)

무너진 가슴들이 세월을 어찌아랴
눈 뜨고 못 본 세상 감으면 보이나니
흐르는 냇가에 비췬 실버들로 피어날까

어제와 같은 하루 그런 날 있으련만
아무런 욕심 없이 내일을 살자 해도
바람이 흔드는 세월 어리석은 일상이여

햇살에 걸어놓은 아쉬움 말려두고
가슴을 짓누르던 욕망의 찌꺼기들
모두 다 버리고 나서 거두리라 떨리는 손

죽음의 정적들이 가슴에 젖어 들면
아직도 못다 한 정 새벽을 태우련만
세상에 피워낸 미련 꽃비(花雨) 되어 적시려나

수련이 피면

작은 숲 연못 가에 몰래 심은 수련 씨앗
여름날 맑은 물 위 불쑥 솟은 수련 꽃잎
잠 깨어 세상에 비친 제모습을 바라보네

물빛에 열린 고요 빛들이 여는 화엄 세상
바람에 흔들리는 종소리에 웃음 짓고
수련의 영롱한 얼굴 사랑 빚는 물 꽃밭

춤추는 메밀밭

하늘하늘 춤을 추는 새하얀 그리움에
끝도 없이 펼쳐놓은 메밀꽃이 피어나고
바람이 살랑 다녀가자 퍼져가는 꽃향기

꽃망울 흐드러진 산골짝 골골마다
새하얀 꽃 바다가 손 흔들며 날 부르면
한 마리 나비가 되어 꽃밭으로 날아가네

꽃이랑 일렁일렁 너와 함께 날아가면
사랑은 파도 타고 섶다리 건너가고
바람이 노래 부르면 춤을 추는 메밀밭

산의 노래

웃음을 주워들고 산으로 올라가면
꽃들이 활짝 웃고 새들이 노래하는
만남의 희망들이여! 기쁨으로 흘러가라!

뿌리로 피어 올린 네 작은 소망들과
덩굴을 타고 오른 달콤한 속삭임에
떠나서 그려진 하루 그림자로 펄럭인다

물소리 곱게 울려 허공에 흩어지면
스스로 주저앉아 생명을 잉태하던
아득한 너의 소원도 숲속 가득 출렁이네

동에서 서쪽으로 모든 것 스며들고
남에서 북쪽으로 신명이 타오르면
하늘과 땅의 염원도 꽃물 들며 번져 간다

들국화

동그란 그리움을 가슴에 담으려니
언덕에 소담하게 웃음이 피어나고
나직이 익어간 희망 바람에 날리는데

태양에 그을리던 빠알간 잠자리가
세월을 희롱하여 바다를 간질이면
빛 고운 너의 향기는 여울을 타고 가네

춘란(春蘭)

햇살이 찾아드는 아침의 정적 속에
정겨운 산새들의 온기가 전해지면
영 넘던 매운바람도 화사하게 미소 짓고

바람이 스친 자리 강물이 풀려 갈 때,
굽이친 네 눈길은 역경을 이겨 내고
들길에 홀로 피어나 토해내는 그리움

청설모 한 마리가 잠시 머문 나무 아래
은은한 향기 품고 초록 꿈 피워내는
이 봄을 들여다보면 흔들리는 꽃대 하나

가슴속 깊이 품은 옛정이 그리워도
저 홀로 가는 세월 그 누가 돌아볼까
수줍은 그 웃음조차 젖어 드네 달빛 속에

야화(夜花)

가슴에 준비한 말 한마디 못하고서
총총총 달아나는 다람쥐 모습처럼
아련한 전설을 피운 상기도 수줍은 미소

은빛의 찬란함을 안으로 감추고서
쓸쓸한 울음 머문 외로운 여정 속에
살며시 다가와 맺힌 한 방울의 저 이슬

긴긴 날 꿈꾸어도 채우지 못한 욕심
스님의 발걸음은 언제나 닿으련가
숨죽여 돌아보고는 다시 또 방긋 웃네

환상통증(幻想痛症)

깊은 산 몸 열지 않는 길을 따라 떠돌던 시간
동서남북 온갖 사찰 사천왕상 불상 표정
담으며 사철 떠돌아 가슴속에 새겼다

떠돌던 바람 같은 시간의 무늬들이
밤마다 악몽으로 쫓기는 업보 속에
주장자 내리친 정수리 나태에 대한 꾸짖음

순간이 바꾸는 게 고통의 세상일인데
자신의 일이어야 숙명의 금강경이
온몸을 관통하면서 인생길 더욱 깊게 한다

있던 발에 발목이 날마다 시려 온다
꿈꾸는 그 날마다 발목이 더 시리다
없어진 그 양다리의 통증으로 깨어난다

가족을 발견하고 세상을 다시 본다
그렇게 생각하며 세상에 나서보면
세상은 나의 무모함을 다시 한번 내리친다

한 소절 소리 배워 노래하며 살으리라
작은 창 소통하며 올 수도 안 올 수도 있는
내일을 다시 잡으며 세상사는 연습한다

모든 것 놓아버린 세상이 편안하다
버려진 욕심들이 미소로 피어나고
한 생애 쌓은 빚들을 내생(來生)엔 갚으리라

가을 사랑

한 걸음 또 한 걸음 그대 향해 가는 발길
밤낮없는 그리움으로 까맣게 타오르는
임 향한 몽유병으로 들뜬 하늘을 본다

사나흘 내리고 또 내려 쌓여가던 폭설처럼
전율이 스친 자리마다 화상의 흔적이다
찰나의 눈빛만으로도 사랑은 호흡한다

목마름에 입술 내민 질투의 불꽃들로
임 떠난 뒤뜰에는 타고 남은 재만 가득
그대의 아름다운 구박 신열 도는 가을밤

갈대꽃

슬픔과 눈물일랑 모두 다 버리고서
떠나리 저 푸른 강 희망의 길을 따라
달콤한 이야기들이 춤추면서 맞는 곳

멈추면 너무 아파 바람으로 흐르는가?
좌표축 한쪽 따라 곡선으로 걸어가다
멈춰선 이정표 길에 흔들리는 내 마음

잡아챈 바람머리 가을이 헝클어져
상고대 얼어붙은 한 잎의 꽃이 피면
아직도 서걱거리며 흔들리는 갈대꽃

노을

게으른 저녁노을 비둔한 허상의 삶
떨어져 난무하는 아픔의 흔적이여
햇빛에 숨은 웃음을 어이 주워 담으려나

맺혀진 사연일랑 어둠에 묻어두고
허전히 돌아눕던 해수의 흐느낌이
아직도 울리지 못한 선율로만 남는구나

떨치고 돌아서야 바람이 되겠지만
멈춰선 비상의 꿈 허공을 선회하니
탄성도 숲에 묻히고 꿈만 홀로 남았어라

패랭이꽃(石竹花)

눈빛이 설레는 날 바람도 떠나간다
대나무 마디마디 맵시를 뽐내다가
해 꽃이 붉게 피어나 너를 잃고 말았구나

하늘만 바라보다 발갛게 물이 들어
사립문 열고 보니 보부상 지나가며
바위에 꽂힌 석령(石靈)의 전설을 들려주네

달 기둥 높이 솟아 하늘과 땅 닿았거늘
가는 건 무엇이고 오는 것은 무엇인가
미소 띤 사모의 향기, 별들도 취하는데

단풍나무

홀연히 피어올라 산으로 간 울음 하나
한 소리 건들바람 홍장(紅粧)을 벗겨가며
물안개 낮은 음표로 너울너울 흘러간다

달 이슬 머금고서 홀로 선 저 나그네
환하게 터져 버린 유성우(流星雨) 바라보다
철없는 탄성 지르며 가을을 불 지르네

가슴에 물든 멍울 지울길 없으련만
수면에 달은 지고 강물에 잎 띄우니
천릿길 아득한 곳에 이 정성 닿으려는가

풀씨

삼동(三冬)의 그 삭풍(朔風)이 대지를 얼게 하여
빈 산을 가두나니 상심이 일렁이고
새벽이 쏟아져 내려 알몸으로 나섰구나

베이고 짓밟히며 흘러온 세월들도
내일의 무성함을 꿈꾸며 살았거늘
마지막 너의 흔적도 눈 속에 묻혀간다

물소리 깨어나면 두 손을 곱게 모아
소망을 빌고 나서 달집을 곱게 태워
황홀이 피어오르는 달 꽃을 피우리라

은방울꽃

토담 옆 새초롬히 간절한 기다림을
묵묵히 피워내며 설렘과 환희 속에
어제를 지새웠더니 햇살이 너무 맑아

사랑의 이름으로 한 사람 그에게만
눈부신 황홀 속에 불리워 지고 싶어
낯익은 향기 품으며 지내왔네 꿈처럼

백색의 방울 소리 허공에 퍼져가면
즐거운 소식들이 반갑게 다가서고
피었던 어제 꿈들도 다시금 설레인다

소나무

시원한 계류 사이 새들이 노래하고
바람의 선율 따라 백학들 춤을 출 때
동해를 품에 안고서 흘러가는 백두대간

한 번도 꽃이었던 시절이 없었기에
뒤틀린 풍상 속에 바위를 빼어 닮아
둥지에 천년 학 품고 산정(山頂)을 지켰어라

선자령 이슬 받은 솔바람 더 푸르고
찬 서리 벗을 삼아 신령을 키웠더니
하룻밤 맺은 연분은 설송(雪松)을 피웠구나

봉정암(峰頂庵)

거침없이 솟아올라 감도는 신비한 기운
변화로 넘나드는 산자락 거센 바람
수놓은 황홀한 운무 산을 넘는 새 소리

물망울 맑게 피고 꽃 소리 반짝이면
탑 도는 발길 따라 번지는 물빛 고요
가슴에 솟아오르는 아침노을 찬란하다

밤새운 사랑 도둑 숨어든 대청봉(大靑峰) 아래
물기를 털어내고 수줍게 내민 얼굴
길 속에 만난 부처를 가득 품은 하산 길

마음을 내려놓고 물 따라 흘러가면
가다가 돌아보는 수렴동 비경 속에
오르는 바람 맞고서 하산하는 내 영혼

법화경(法華經)

은유와 비유 속에 하루해 저물더니
흐리고 못난 행동 한 해가 저물어도
경(經) 읽고 더 흐려지는 생활 속의 법화경(法華經)

천 번에 또 천 번을 베끼고 읽는다고
성불에 다가가랴 깨침이 오랴마는
난 향이 몸에 베이듯 스며드는 법화경(法華經)

장엄한 아침 해가 비밀을 여는 새벽
경(經)속의 진리 풀고 하산하는 종소리에
조용히 피어나는 꽃 빈 하늘에 오르네

나무들

베어진 가슴속을 흔들던 아침 햇살
속 깊은 노랫소리 세월을 저어갈 때,
꿈꾸는 초록 잎사귀 일렁이는 속삭임

뿌리와 뿌리끼리 서로를 감싸면서
비탈을 지켜가며 감아온 나이 둘레
가슴 속 장대 울음을 각질로 벗는구려

햇살이 곱게 들어 녹음이 우거진 날
키보다 훌쩍 자란 네 모습 바라보니
무성한 숲속의 꽃들 익어가는 환한 웃음

꽃들을 품에 안고 새소리 퍼져가면
상처 난 가슴 속에 향기가 스며들고
숲속의 고요한 공간 별빛들이 내려서네

바람

뽀얗게 부서지는 허기의 부스러기
조각을 맞춰 가는 큐빅의 조합처럼
깃털은 시간을 잃고 허공 속을 떠돈다

앞으로 앞으로만 내 닫는 너의 실체
살피고 헤아리지 못하며 흐른 시간
가슴속 떠돌던 아픔 구름 되어 흐르고

쓸려간 햇살만큼 투명한 그리움은
차갑게 식어 가던 태양의 눈빛처럼
아쉬운 환청만 남은 바다 위를 스친다

겨울 방랑

모두가 돌아앉은 회색의 겨울 하늘
아쉬움만 흘리고 간 그대의 뒷모습을
얼굴도 그리지 못해 꿈도 다시 못 피우네

떨림을 감추어둔 풀잎의 흐느낌과
여운이 남기고 간 바람만 그리다가
아찔한 현기증 일어 녹아드는 얼음꽃

방랑을 꿈꾸다가 별에서 잠든 이여
세상의 끝에 서서 바라본 저녁노을
그 속에 웃고 서 있는 내 모습은 보일런지

향수

고향을 그려보면 웃음이 물결치고
돌아서 지나온 길 세월의 주름 속에
소리도 형체도 없이 흘러가는 달빛이여!

눈으로 보는 것이 세상의 전부더냐
향기를 그려 내던 솔밭의 그윽함에
깊고도 푸르른 햇살 그물로 건져오네

살며시 지은 미소 입가에 맴을 돌다
내게로 뚜벅뚜벅 걸어와 입 맞추니
봉평의 수줍은 소금밭 웃음꽃이 출렁대네

제4부

그리움 하나를 붙잡고

지난 날은 늘 아름다운것
그 그리움 하나를 붙잡고
한 세월을 보낸다

끝은 늘 끝이 아니었고
시작도 늘 새로운 시작이 아니었다
이어짐의 단계에 불과했을 뿐

하나의 단락을 마무리 지었어도
미진한 아쉬움은 남고
새로움의 길에 들어서도 늘 뒤를 돌아다 본다

이것이 다가 아니란 생각을 한다
이것이 이 세상을 살다가는 모든 것은 아니란 것이지
그래도 늘 하루를 보내고 나면 아쉬움은 강물처럼 흐른다

목말라하면서도 샘을 파지 못하고
그리워하면서도 찾아갈 생각은 하지 못한다
미련하고 미련한 날들이여. 내 청춘의 뒤안길이여

그리움

그대의 눈망울에 잠기운 옹달샘에
영원을 꿈꾸었던 소라 빛 안개 내려
말가니 다가선 바람 가슴을 쓸고 가네

밀려온 어둠 속에 강물은 흘러가고
허공에 퍼져가던 정겨운 속삭임에
별들도 부끄러운지 구름 속에 숨었더라

꿈 깨면 떨려오고 생각하면 솟아나는
영원히 잊지 못할 설레 이던 그날이여
영혼의 창에 기대어 속삭인다 어제를

산사의 밤

금수산(錦繡山) 중허리를 한 손에 감아 돌아
입 닫고 흘러내린 청풍의 무암사(霧巖寺)엔
낭랑한 노승의 독경(讀經) 풍경소리 화음(和音)하고

어둠 속 칠보단장 여명을 기다리면
산사의 법당에는 번뇌도 옷을 입네
심중에 못 사룬 불꽃 허공 속을 떠도는데

부서진 기와 조각 천년을 노래하고
잿빛의 그리움들 홀로 이 깊어갈 때,
마음의 탐심 버리니 예가 바로 극락이리

* 무암사(霧巖寺): 충청북도 제천시 금성면(錦城面) 성내리(城內里) 소재

판 줄

신난다. 신명 나네. 한 가지 생각으로
김의영 선생 찾아 판 줄에 올랐더라
열세 살 처음 무대에 다리가 후들대네

줄 위에 올라서면 나르는 나비인가
즐기며 몰입하면 재담이 절로 나와
외롭고 즐거운 일도 외줄 위 일이로다

다부진 마음으로 균형을 잡아가며
큰 부채 높이 들고 세상을 젖다 보면
박승희 그 큰 이름이 세상에 빛나리라

소나기

해맑게 빗질하는 마당의 햇살 조각
화창한 여름날을 사정없이 두드리는 건
춤추며 날아내리는 빗방울만은 아니다

한순간 꽃 피웠다 바람에 몸을 맡겨
한 걸음 멀어져간 빛바랜 풍경들도
먹구름 조화 속에서 가문 땅을 적신다

그대의 나뭇잎에 떨어지는 그리움들
영롱한 영상 담고 또르르 굴려보는
한여름 찌는 무더위 털어내는 서늘함

누군가의 만남 속에 가슴 뛰는 순수의 시간
아름다워 너무 슬픈 사랑의 노래기에
오늘은 나를 울리는 연가(戀歌) 되어 흐른다

편지

목련과 진달래꽃 초춘(初春)의 앵혈(櫻血) 위에
가슴 속 깊이 묻힌 자그만 비명 하나
미련의 안개비 속에 자취도 간 곳 없다

마지막 빛을 모은 자극의 시간들이
나직이 소곤대며 해맑은 웃음 지으면
애타는 그리움 번져 사랑을 퍼 올린다

일지매(一枝梅)

묵흔이 베어드는 일지의 매화 향기
홀로이 바라보면 외로움 사라지니
무심한 하얀 웃음에 애간장이 녹아든다

스며든 달빛 속에 그리움 부서지면
술잔에 비쳐드는 당신의 그림자는
봄날을 빨갛게 익힐 소리 없는 흐느낌

첩첩의 봉우리도 단숨에 넘었더니
돌아와 부른 노래 바람에 실려 가고
이별의 그림자 따라 흘러 도는 유랑 길

눈 속에 홀로 숨은 하얀 정 돋아나듯
무정한 세월 속에 삼꽃이 피었거든
그대의 숨결인양하고 곁에 두고 보리라

꿈꾸는 제비꽃

사랑이란 말을 하면 향기가 나요
꿈꾸는 제비꽃 진한 그리움처럼
흔들려도 보라로 춤을 추는 제비꽃

내 작은 기도 소리 울려 퍼진 이 봄날에
사랑 하나 지키려고 드리는 잔 울림에
그저 하늘만 보고 웃고 있는 제비꽃

진달래꽃

수줍게 찾아와서 비밀을 지켜내다
그리워 유혹하는 피맺힌 울음소리
높은 산 깊은 샘물도 사랑 찾아 흐르고

엿보는 시선 속에 봄 햇살 은근하고
손목을 잡혀가며 얼결에 붉어진 정
흐드러진 분홍빛 미소 철없는 사랑이여!

산 따라 떠나면서 강물과 함께 흘러
불꽃 같은 포옹으로 신열이 돌던 밤에
떠나간 그리운 그대 고운 모습 보겠네

버드나무

비밀을 품고 있는 웃음을 낚아 올린
갈대도 아닌 것이 바람에 흔들리면
나무가 아닌 것처럼 부드러운 보드기의 꿈

허공이 자유로워 그네를 타던 시간
큰바람 지나가면 또다시 세찬 바람도
도무지 무섭지 않은 저 자태를 어찌할꼬

냇가에 익어가던 어스름 달빛들이
두 손을 마주 잡고 슬픔을 밀어내면
하늘의 그림자들도 붉은 눈시울 적시네

능소화

담장을 타고 넘는 화사한 그대의 꿈
넝쿨로 자라나는 첫사랑 인연마다
발자국 안타까운 길 찍어내는 그리움

전하지 못한 사연 시들지 않는 미련
먼 곳을 바라보면 침묵도 지쳐버려
떨어져 흐르는 슬픔 뒤척이는 숨결이여!

가슴 속 뜨거움이 한여름 불러들여
불타는 그리움의 정염을 뿜어내면
빛으로 향하는 눈빛 깊어지는 기다림

어둠 속 조각 달빛 분홍으로 물이 들면
눈 먼 정 귀 먼 사랑 슬프고 아름다워
늘어진 가지 사이에 위태롭게 떨고 있네

자귀 꽃

눈부신 웃음으로 반짝이진 않았지만
누군가 황홀한 눈길 관심으로 보고 있는
떨림도 아름다운 꽃 피어나는 게지요

너무나 연약해서 밤이면 잎을 접고
그대에게 순종하는 방법을 배워서야
또 다른 자신의 모습 찾을 수가 있었습니다

볼 화장 곱게 하고 애띤 얼굴 활짝 열고
깃털로 일어서는 아름다운 부채춤 추며
골골이 향수 뿌리며 눈 흘기고 있습디다

모든 것 잊혀 진 뒤 아리지 않은 가슴
오래된 비 내린 후 별들은 떨고 있는데
금지된 욕망 비수에 찔린 소쩍새는 울어댑니다

빈 밤을 가득 채운 달빛 사이 누군가 떠나가고
그대의 깊은 상처 헤집어 살펴보지만
이제라도 돌아서 가는 법을 발견해야 합니다

허물어진 어둠 사이 한여름 닫는 꽃 지고
아직도 두근대는 그대 사랑 간직하며
길과 길 사이에 서서 푸른 웃음 짓겠습니다

쑥부쟁이의 노래

달려든 찬바람에 드러난 바람의 결
풀빛을 차마 건너 엉그는 너의 웃음
바람이 붓을 들고서 그려놓은 흔적들

지독한 몸살 앓고 땅끝에 내려보니
푸르른 바다 품에 안겨든 산과 들에
꽃피어 출렁거리는 종소리의 그림자

기쁘게 출렁이며 춤추는 너의 노래
꽃물결 쑥부쟁이 저 환한 웃음소리
되돌아 눈에 선한 길 다시 떠난 너의 꿈

작설차(雀舌茶)

돌샘 물 길어다가 다로에 달여 붓고
맑게 우린 푸른 찻물 차향을 불러오면
느릿한 짠 차 맛 혀를 적셔주는 고마움

풀잎 위 새벽이슬 또르르 흘러가면
뎅그렁 풍경소리 눈 뜨는 매화 꽃잎
짙어진 산색에 젖어 피어나는 차 향기

풀 옷 입고 산에 앉아 흰 구름 바라보면
보글보글 끓어 오른 찻물을 부어가며
청정한 기운을 주는 사랑한 잔 마시리

질경이

우마차에 짓밟혀도 다시금 일어서는
끈끈한 그 생명력이 낮게도 번진 자리
희망을 향해 가는 길 흐느낌도 잊었다

길 잃고 헤맬 때도 질경이 바라보면
나갈 길을 말해주는 생명의 끈질김에
푸르른 등댓불처럼 불러주는 사랑가

바람이 헹구고 간 텅 비인 가을들에
물들어 기약하는 새봄은 다시 올까?
손잡고 함께 피자며 날려 보낸 씨앗들

탱자나무

둥근 해 밝힌 꽃불 익어가는 샛노란 정
산과 들 퍼져가는 그 맑은 향기 따라
울타리 돋은 가시로 지켜주는 탱자여

돌탑에 얹은 기도 솔바람 몰래 듣고
가만히 전해주면 노랗게 웃는 사랑
소소한 그 행복으로 깊어지는 한여름

위도(蝟島)

눈 속에 갇힌 세상 대해(大海)에 잠겨 들면
사그락 밟혀지는 해안의 깻돌 들이
따스한 웃음 지으며 망월봉(望月峰)을 바라본다

얼어붙은 사연들이 해안(海岸)에 속삭이고
해거름 피어오른 해무(海霧)에 숨어버린
잠들지 못한 눈물들 자맥질로 솟구치네

연체된 세월만큼 몰려들던 고기떼들
수평선 저 멀리에 가득한 꿈을 실어
심해(深海)의 사랑과 슬픔 피어난다 상사화(相思花)로

선미에 홀로 서서 하늘을 바라보면
구름이 하늘거려 북풍을 몰아오고
피고 진 숲의 꿈들이 풍랑 속에 살아나네

산기슭 무리 지어 피어난 풍란들과
여울굴의 황금 부채 철마 타고 섬을 지킨
쌍둥이 전설도 아득히 띠배 속에 실려 가네

조기의 칠산 바다 네 꿈이 퍼덕이던
파시(波市)의 정겨움과 율도국 낙원 꿈도
시름의 핵 폐기장에 바다 깊이 잠긴다

수담(手談)

산 높고 물 맑아서 사람도 푸르러간
노송의 그늘 아래 우주가 펼쳐지니
흰 돌과 검은 돌들이 승패를 초월하네

한 수에 한 가지씩 교만을 버려 가면
미움도 간 곳 없고 안개도 걷혀가니
사물의 모든 이치가 또렷이도 밝아 온다

진정한 벗을 만나 세상이 여유롭고
부분을 버리고서 대의를 꿈꾸나니
수양을 쌓은 흔적들 생활 속에 피어나네

청산도

머물되 흔적 없는 유채꽃 노란 웃음
오솔길에 흘리면서 돌담길 끼고 돌면
포구를 향한 그리움 닿을까 그대에게

낮아져 더이상 낮아질 것 없으면
물처럼 고여 들어 수평을 이루다가
한 줄기 부는 바람에 파문이 이는구나

여명의 푸른 숨결 파도에 띄워두고
인연의 아름다움 등댓불로 비춰주면
떠나려 준비한 걸음 막아서는 붉은 웃음

해어화(解語花)

숲속의 노래 닮은 내 삶의 웃음소리
샛별 따라 빤짝이며 떠나던 철새 여정
또다시 달이 가리는 그대 모습 그려보네

물 위를 차고 가는 춤추는 바람 맞고
천년을 지키고선 해어화(解語花) 환한 미소
박제된 웃음 속에서 뒹굴던 꽃의 나날

그대의 향기 맡고 잠들던 깊은 밤도
균형을 잃어버린 새하얀 시간에도
순간은 기다림 없이 별빛으로 흐르네

생명의 탄성 속에 행복이 숨어있고
내 생을 가득 채운 당신의 환영 따라
꽃 무리 지며 피어나는 화려한 그대 미소

만발한 백화 속에 낙화는 비장 터라
정 틔운 봄바람아 한숨도 걷어가렴
그 맹서(盟誓) 야속도 하다 태산처럼 믿었거니

스며든 달빛처럼 무심한 눈빛으로
그대를 오래도록 그리며 불러 보네
산 넘어 떠나간 사랑아 심은 정도 데려가라

＊ 해어화(解語花):
  1. 말을 알아듣는 꽃이라는 뜻으로, '미인(美人)'을 이르는 말
  2. '기생(妓生)'을 달리 이르는 말

고려대장경(高麗大藏經)

가야산 꽃들 피고 사랑하던 꽃들 지고
큰 비밀 떠다니는 장경(藏經)의 물결 사이
경률론(經律論)의 죽비로 내리치는 가르침은 뜨겁다

서곡의 먹구름과 말발굽에 밟힌 영혼
퍼져간 통곡들이 눈물의 기도되어
민초의 가슴속에 희망의 씨앗 하나 심었다

룸비의 언덕에서 새 아침을 밝혔듯이
각자(刻字)의 시간 내내 평화를 찾아 나선
고려인의 간절한 기원 일배일자(一杯一字)에 담았다

몇 올의 잉걸불로 달아올라 녹는 어둠
칼끝의 목숨들도 눈빛을 반짝이며
천년 길 이어온 이운행렬(移運行列) 빛나는 임 발자취

탐욕의 발걸음이 강물을 건너오던
고려의 비극들이 몽골의 비극일 때
자비의 팔만사천법문(八萬四千法門) 연꽃으로 피어난다

울창한 가지 뻗고 더없이 사랑하여
천년쯤 한 곳만을 바라본 나무들은
무명의 어둠 속에서도 환하게 일어선다

시간의 향기

새로움 밀려오고 흔적들 밀려가는
눈으로 다 보고도 단정하지 못하는 일
빈 공간 밀고 당기는 낯선 인식의 연속들

모든 것 다 갖추어도 허기로 허덕이면
시작은 없었지만 떠도는 소리들이
사물을 사이에 두고 울림으로 퍼진다

그대가 걸어갔듯 나 또한 걷는 그 길
내 앞에 존재하는 미래의 파동으로
시간의 무늬를 찍는 가슴 벅찬 발걸음

서산 마애 삼존불상(瑞山磨崖三尊佛像)

단애(斷崖)의 자애롭고 은은한 기품 속에
천년의 기원들을 바람이 매만지고
햇살이 온기 전하면 꽃의 미소 피어난다

굳어진 의식 속에 전해오는 바람소리
장엄한 축제의식 비우고 떠날 시간
또다시 가야 하는 길 멈춰 서서 돌아본다

어둠 속 뿌리내린 별 송이 같은 꽃과
번뇌 속 헤엄치는 목어의 몸놀림에
무심히 넘기는 염주 열어놓은 빈 가슴

신 새벽 나를 깨운 가득 찬 생명 기운
일어선 맑은 영혼 법으로 다시 맞는
천년을 밝혀온 불심 저 미소로 살아난다

* 서산 마애삼존불상(瑞山磨崖三尊佛像): 충청남도 서산시 운산면 용현리 가야산 절벽에 새겨진 백제 시대의 마애불상

사막으로 가는 꿈

회오리 바람부는 사막의 꿈을 꾼 날
그리움 돋아 올라 모래의 강을 건너
기나긴 여행의 길을 떠나려는 내 언약

허풍이 너무 세다 누군가 비웃어도
깊어진 마음 앓이 내 발길 잡아끌어
서러운 바람을 타고 걸어가는 사막의 길

잠든 꿈 두드리면 어느새 모래의 땅
괜찮다 껴안으며 걷고 또 걸어가면
물드는 황혼의 빛이 어루만진 내 영혼

눈부신 지평선을 낙타로 건너가며
느리게 불러보는 별빛의 작은 노래
더이상 거칠 것 없이 달려가는 꿈의 길

고택(故宅)

지켜야 할 사명 같은 세월의 흔적들이
고택의 주련 속에 사연을 묻어두고
나들며 절하는 사당 굽어보는 조상님

대물린 광 열쇠를 소중히 받아들고
집안의 대소사를 빈틈없이 관장하여
문중의 사랑 받으니 종부의 길 빛나라

달밤의 차 행사와 종갓집 음식까지
손 내림 깔끔함이 기품으로 차려질 때
새롭게 피어나는 향 아름다운 천년 터

계룡산

풀피리로 문을 여는 동학사 해맑은 길
푸르른 천년의 숲 여명이 밝아 오면
풀벌레 맑은 울음을 함께 듣는 소나무

산비둘기 문을 닫는 갑사의 노을 진 길
물드는 천년의 숲 가을빛 젖어 들면
귀뚜리 깊은 울음을 함께 듣는 들국화

뻐꾸기

초록별 그리움이 산을 타고 짙어지면
철 이른 봄꽃들이 자랑으로 피어나도
떠나간 님 소식 없어 혼자 우는 뻐꾸기

빈 샘터 맑은 물이 아래로 흘러가듯
절절한 내 마음도 님 찾아 떠났는데
그 소식 언제 받고서 홀로 웃고 계실까?

골판지 그림

울퉁불퉁 골판지에 그림을 그려본다
새하얀 도화지에 그려도 좋을 것을
세상엔 또 다름으로 보려하는 눈이 있어

재료가 구겨져도 그 느낌 살려가며
상상의 세계들을 마음껏 펼쳐보자
생생한 느낌 살아나 재미있는 골판지

찢어서 그려보고 붙여서 덧대면서
나만의 세계를 봐 그 꿈을 그려가자
새로운 자유로움을 펼쳐가는 즐거움

에필로그

책 한 권을 덮는다
시작이 있으니 끝도 있기 마련이겠지
홀로 뚜벅뚜벅 걸어가는 길
들꽃 한 송이가 웃고 있다

저 작은 꽃 한송이가
내게 전해주는 향기만큼
이 책을 덮을 때도 사람들이 빙긋 웃었으면 좋겠다

한 사람이 걸어가는 길에서
마주하는 단상들이
다른 이들에게도 행복으로 다가섰으면

내 얼굴 속에 담겨진
아버지와 어머니의 표정
그리고 딸아이의 얼굴에 담긴 모습까지
유전자의 힘은 얼마나 대단한 것인가

그렇다면 내가 쓴 글의 유전자는
사람들에게 어떤 영향력을 미치고
어떤 감동을 줄 수 있을지 궁금하다
앞으로 더 정진해야겠다는 생각을

첫 시조집을 출간하면서 다짐한다
한 곳에 머물지 않고
늘 아래로 흐르는 저 물과 같이
아무것도 거침없이 허공을 휘젓는
한 줄기 바람과 같이
새로움을 향하여
흐린 날에도 길을 가리라
오늘도 새로운 나의 길을 …

이종완 시조집

정동진

2024년 11월 20일 인쇄
2024년 11월 22일 발행

지은이 / 이종완
발행인 / 홍명수
발행처 / 성원인쇄문화사

25572 강원특별자치도 강릉시 성덕포남로 188
Tel (033)652-6375 / Fax (033)652-1228
E-mail 6526375@naver.com

값 12,000원

ISBN 979-11-92224-39-8

이 책은 강릉문화재단 후원으로 발간되었습니다.

- 저작권법에 의해 보호받는 저작물이므로 저자와 출판사의 동의 없이
  내용의 일부를 인용하거나 발췌하는 것을 금합니다.
- 파손된 책은 구입처에서 교환해 드립니다.